Schriften des Sozialwissenschaftlichen
Akademischen Vereins in Czernowitz.
Heft V.

Der Krieg im Wandel der Jahrtausende.

Vortrag,
gehalten im Sozialwissenschaftlichen Akademischen Verein
in Czernowitz am 30. Januar 1914

von

Prof. Dr. Hans R. v. Frisch,
Rector Magnificus der Universität Czernowitz.

München und Leipzig.
Verlag von Duncker & Humblot.
1914.

Alle Rechte vorbehalten.

Meine Damen und Herren!

Im abgelaufenen Jahre hat man hier in der Bukowina viel gehört und gelesen vom Krieg, der in unserer Nähe gewütet hat, und viel war schon von einem allgemeinen europäischen Krieg die Rede, in den auch unsere Monarchie mit hineingezogen würde! Gerade hier in Czernowitz scheint sich die Phantasie besonders lebhaft mit dieser Möglichkeit beschäftigt zu haben, man hat in nervöser Aufregung den Feind in Gestalt von russischen Kosakenregimentern eine Zeitlang sozusagen täglich erwartet und viele Familien haben rechtzeitig die Flucht ergriffen, sind abgereist, andere haben wenigstens ihre Wertsachen fortgeschickt oder eingemauert oder sonst welche Vorsichtsmaßregeln ergriffen. Es dürfte kaum jemand von diesen ängstlichen Gemütern jemals einen Krieg mitgemacht oder nur mit angesehen haben und seine Wirkungen aus eigener Erfahrung kennen; was sie von Kriegen wissen, das verdanken sie der Lektüre von Beschreibungen, Romanen oder Erzählungen, oder sie wissen gar nichts, sondern stellen sich's nur irgendwie vor. Sie erinnern sich, gelesen oder gehört zu haben, daß der eindringende Feind die Städte in Brand zu stecken pflegt, Frauen und Kinder spießt, die Gefangenen vor die Kanonen bindet oder sie reihenweise niederschießt, rädert, vierteilt, pfählt und was dergleichen schöne Dinge mehr sind. Gewiß, das ist alles vorgekommen, und auch im Balkankrieg, dessen Fackel eben erst erloschen ist, hat es an den scheußlichsten Greueltaten nicht gefehlt. Aber im großen und ganzen ist zwischen einem Krieg von heute und einem Krieg, der sich vor etwa 300 Jahren abgespielt hat, ein himmelhoher Unterschied. Die Völker sind nach und nach zur Erkenntnis gekommen, daß es im Interesse aller liege, auch den Krieg an Recht und Gesetze zu binden und bestimmte Regeln einzuhalten, so daß er nicht mehr ein wildes Gemetzel sein soll, in dem lediglich die rohe Gewalt zu sprechen hat. Das Menschengeschlecht ist ziemlich alt geworden, bis es sich zu diesem Standpunkt durchgerungen hat, wenn auch die Versuche, milderen Kriegsgebräuchen Geltung zu verschaffen bis ins graue Altertum zurückreichen. Aber in den letzten 100 Jahren sind in dieser Richtung mehr Fortschritte gemacht worden, als in den vorangehenden Jahrtausenden.

Diese Entwicklung Ihnen in großen Zügen zu schildern will ich im folgenden versuchen; dabei muß ich mich aber mit einer flüchtigen Skizzierung der wichtigsten Ereignisse begnügen und auf alle nähere Ausführung sowie auf Einzelheiten verzichten, um mit der mir zu Gebote stehenden Zeit auszukommen.

Es ist ein charakteristisches, aber nicht gerade schönes Zeichen für die Völker, daß die ersten internationalen Berührungen immer und überall feindliche waren. Unsere Kenntnisse über die ältesten Staatenbildungen sind mangelhaft, aber so viel weiß man, daß die Staaten sich ursprünglich isolieren und ignorieren; jedes Volk lebte für sich, wenn es aber mit einem anderen in Beziehungen kam, so war das Feindschaft, Krieg. Auch die ersten friedlichen Annäherungen standen mit dem Krieg in Zusammenhang, denn die ersten Verträge der Staaten hatten in der Regel die gemeinsame Bekämpfung eines dritten Staates zum Zweck; mit der kriegerischen Bundesgenossenschaft beginnt das Völkerrecht.

Die Sitten des Krieges hingen zu allen Zeiten aufs innigste zusammen mit gewissen grundlegenden Ansichten über den Staat und seine Aufgaben, sowie mit den Rassen- und Charaktereigentümlichkeiten der Völker. Für das Altertum ist charakteristisch, daß jedes Volk sich für das auserwählte hält, das allein Existenzberechtigung hat, daß es daher dazu berufen sei, alle anderen Völker zu bekämpfen und womöglich zu vernichten. Dabei spielen nicht nur politische, sondern auch religiöse Motive mit; der politische Verband war ja mit dem religiösen identisch, jeder Staat hatte seine Götter, die nur für ihn da waren und die dem feindlichen Staat und seinen Göttern ebenso feindlich gegenüber standen wie die Menschen.

Vom Altertum her hat sich ferner bis ins späte Mittelalter hinein der Satz erhalten, daß die Fremden ohne Recht seien, eine Anschauung, die gleichmäßig im Orient wie im Occident, in Hellas, Rom, bei den Germanen und überall herrschte, wenn auch nicht überall in gleicher Schärfe; die Idee des Kosmopolitismus war der alten Zeit völlig fremd. Das ist auch für die Kriegführung nicht ohne Bedeutung gewesen; der ins Land eindringende Feind behandelte die Bevölkerung nicht als ebenbürtige, gleichberechtigte Menschen. Der Fremde war, juristisch ausgedrückt, nicht Person, sondern Sache. War er schon in Friedenszeiten rechtlos und ohne allen Schutz, so war er im Kriegsfall erst recht der Willkür des Gegners preisgegeben, der Sieger konnte mit dem gefangenen Fremdling verfahren wie er wollte.

Der Grundsatz der Nationalreligionen und die Identifizierung von Fremdling und Feind beherrschte das ganze Altertum. Die Konsequenzen aber, die von verschiedenen Staaten in der Kriegführung aus diesen Grundanschauungen gezogen wurden, waren nicht gleich. Es hat immer kriegerische und friedlich gesinnte Völkerschaften gegeben und auch in der Art der Kriegführung selbst bestanden immer weitgehende Unterschiede.

Der älteste der orientalischen Staaten, über den wir etwas näher unterrichtet sind, ist Ägypten. Es war ein Staatswesen, das in verschiedener Beziehung von der Natur sehr begünstigt war; das fruchtbare Niltal, die Lage am Meer mit guten Häfen, die den Handel begünstigten, die Begrenzung durch die Wüste, die eine unmittelbare, dauernde Nachbarschaft feindlicher Völker nicht gestattete und endlich seine uralte Kultur hatten eine eigenartige und segensreiche Entwicklung des Landes zur Folge. Ägypten war, im Vergleich mit den anderen Staaten des Orients, ein friedliebender Staat, der Ackerbau und Handel trieb und nur selten sich auf Eroberungszüge einließ. Feindliche Einfälle allerdings hatte er genug zu erdulden; das fruchtbare Land erschien den Äthiopiern und Nubiern im Süden nicht minder begehrenswert wie den Nomadenstämmen Libyens und manchem anderen Volk; und wenn einzelne unternehmungslustige Könige Ägyptens auch bis gegen Kleinasien und bis zum Euphrat und Tigris vordrangen, so erfolgten auf solche Kriegszüge doch immer lange Epochen friedlicher Entwicklung; anders wäre Ägypten gewiß nicht in der Lage gewesen, einen so bewundernswerten hohen Kulturgrad zu erreichen; man denke nur an die Leistungen dieses Volkes auf dem Gebiete der Astronomie, Chronologie, Medizin, Mathematik und an die enormen technischen Leistungen, vor allem an seine noch heute unerreicht dastehenden Baudenkmäler.

Über die Kriegführung der Ägypter wissen wir nicht viel; sie spielte eben für dieses Volk nicht die große Rolle wie für viele andere. Es läßt sich aber aus ihrer ganzen Kultur wie aus einzelnen Dokumenten schließen, daß ihre Kriegssitten minder barbarisch gewesen seien als die anderer orientalischer Völker. Wenn wir auf ägyptischen Denkmälern die Überreichung abgehauener Feindeshände bildlich dargestellt sehen, so ist das nicht ein Zeichen für Grausamkeit, sondern es sind das die im Orient üblichen Kriegstrophäen. Einen Beweis für den in der damaligen Zeit gewiß ganz vereinzelt dastehenden Humanitätssinn der Ägypter finden wir in einem Friedensvertrag, den der Pharaone Ramses II. im 14. Jahrhundert v. Chr. mit dem Chetafürsten Chetasar geschlossen hat[1], um, wie es dort heißt, „einen Frieden zu stiften, der ewig dauern soll". Es ist das eines unserer ältesten völkerrechtlichen Dokumente, und zwar ein Dokument von hohem kultur- und rechtsgeschichtlichem Interesse. In dem Vertrag verpflichteten sich die beiden Könige unter anderem auch, Verbrecher, die von einem der beiden Staaten in den anderen geflohen sind, gegenseitig auszuliefern, aber die Ausgelieferten sollen nicht bestraft werden; und zwar werden besonders die damals üblichen grausamen Strafen wie Verstümmelungen, Tötung von Frau und Kindern und dergleichen ausdrücklich ausgeschlossen. Dieses Beispiel zeigt, wie grundverschieden die Kultur und Bildung der Ägypter von der des übrigen Orients gewesen ist.

Wesentlich anders waren zum Beispiel die Assyrer geartet. Sie gelten als die ersten Welteroberer, und zwar wurden sie dazu nicht aus Expansionsbedürfnis oder aus wirtschaftlichen Gründen getrieben, sondern durch Habsucht und Freude am Krieg. In ihrer Kriegführung war alles erlaubt und alles recht; sie waren im schärfsten Sinn des Wortes ein mörderisches Volk, immer grausam, schurkisch und verräterisch und immer haben sie ihre physische Übermacht in skrupelloser Weise mißbraucht[2]. Ähnlich war die Kriegführung der Juden, die zwar nicht so kriegerisch veranlagt waren wie die Assyrer, aber an Grausamkeit ihnen kaum nachstanden. Über ihre Kriegsgebräuche sind wir näher unterrichtet. An Gefangenen wurde nicht selten in entsetzlicher Weise Rache genommen, nicht nur an den Kriegern, sondern auch an Weibern und Kindern und nicht nur im Taumel des Kampfes, etwa nach der Erstürmung einer Stadt, sondern die Gefangenen wurden für später, wo man die Rache in Ruhe genießen konnte, aufbewahrt. So hat König David nach der Einnahme der Stadt Rabbah das Volk der Ammoniter in ausgesucht grausamer Weise vernichtet; „man legte sie unter Sägen und unter eiserne Dreschwagen und unter eiserne Beile und steckte sie in Ziegelöfen" — so ist im Alten Testament zu lesen [3]. Dem Feinde gegenüber waren auch Meuchelmord und Verrat durchaus ehrenwerte Handlungen, das Niederbrennen der Städte ein der Gottheit gestiftetes Brandopfer. Überhaupt beriefen sich die Juden gern auf einen Befehl Gottes, so auch bei Plünderungen und vielen anderen Scheußlichkeiten.

Das charakteristische der Kriege aller orientalischen Völker — von wenigen Ausnahmen abgesehen — ist, daß es Vernichtungskriege waren, geführt mit allen zu Gebote stehenden Mitteln, ohne die geringste Spur von Humanität oder Mitleid, kaltblütig und brutal.

Einen Fortschritt in der Entwicklung bringt das klassische Altertum, Griechenland. Hier finden sich nicht nur gewisse Milderungen der Kriegssitten, sondern auch die ersten Anfänge einer dauernden Verbindung der Staaten zu friedlichen Zwecken. Der Amphiktyonenbund war ein Bündnis hellenischer Staaten mit einem gemeinsamen Bundesorgan. Die dem Bunde angehörenden Stämme verpflichteten sich durch Eid, keine der amphiktyonischen Städte zu zerstören oder vom fließenden Wasser abzuschließen, weder im Krieg, noch im Frieden. Der Bund war auf hellenische Staaten beschränkt, den Barbaren gegenüber war nach wie vor alles erlaubt, selbst nach der Meinung geistig so hoch stehender Männer wie Plato und Aristoteles.

Die Kriegführung der Hellenen war aber auch den eigenen Volksgenossen gegenüber eine harte. Athen hat einmal während des Peloponnesischen Krieges Mytilene gänzlich zerstört (427), und ein Athenischer Volksbeschluß ordnete an, daß alle Bürger der zerstörten Stadt hingerichtet werden sollten; der Beschluß wurde am folgenden Tag gemildert und es wurden bloß die Aristokraten niedergemacht. In dasselbe Jahr fällt die Einnahme von Plataeae durch die Spartaner, die alle übrig gebliebenen Verteidiger der Stadt bis auf den letzten Mann töteten. Im selben mörderischen Kriege wird das Athenische Heer, das Syrakus belagerte, geschlagen und 7000 Gefangene wurden in Steinbrüche geworfen, wo sie elend umkamen (413). Nach der Seeschlacht von Ägospotami, in der die Athener von den Spartanern besiegt wurden (405), werden 3000 gefangene Athener hingerichtet. Solche Beispiele finden sich in der Geschichte Griechenlands noch mehrere.

Nichtsdestoweniger unterscheidet sich die Kriegführung der Hellenen sehr wesentlich von der der orientalischen Völker. Das Niedermachen der Gefangenen war nicht Grausamkeit oder Rache, sondern Kriegsraison, ein Mittel zur Schwächung des Gegners; denn nur vor dem Toten konnte man für alle

Zeiten sicher sein. Die Politik war eben von nüchterner Überlegung diktiert, Gefühlsmomente waren ihr ganz fremd. Was für den Staat nützlich ist, ist auch gerecht, sagt Thukydides.

Im Kampfe aber wurden gewisse Gebräuche hochgehalten. So galt grundsätzlich die Forderung ordnungsmäßiger Kriegserklärung, die Hellenen fielen nicht meuchlings über einen Feind her. Verstümmelung von Gefangenen und Leichenschändung erschien ihnen barbarisch und war verpönt. Sie verwehrten dem Feinde nicht, seine Toten zu bestatten und bestatteten auch selbst gefallene Feinde. Eine andere orientalische Sitte, die von den Hellenen als feinfühlenden Menschen nicht angenommen wurde, war die Sitte des Triumphzuges. Auch die Errichtung von dauernden Trophäen auf dem Schlachtfelde war unstatthaft; sie durften nicht aus Stein oder Erz sein, um nicht für die Ewigkeit ein Zeugnis gewesenen Unfriedens zu bilden. Eine besondere Gottheit schützte Parlamentäre und Boten und für eine Verletzung des Gesandtenrechtes mußte Volkssühne geleistet werden. Heilig war endlich das Asylrecht der Tempel und anderer geweihter Stätten. Durch all das unterscheidet sich das hellenische Kriegsrecht gewaltig von dem der Orientalen.

Rom hat sich in Jahrhunderte langen Kämpfen ein Weltreich geschaffen und römische Kriegstüchtigkeit zeigte sich der aller Völker des Mittelmeeres weit überlegen. Das verdankt es einerseits seiner militärischen Technik, anderseits aber der musterhaften Disziplin seines Heeres und überhaupt seinen strengen sittlichen Grundsätzen. Die ganze Kriegführung stand unter festen Rechtssegeln. Schon die Ursachen der Kriege waren rechtlich unterschieden und gewertet und nur wenn die Gründe für eine Kriegserklärung auch juristisch anerkannt waren, lag ein bellum justum ae pium vor, ein Krieg, der sowohl vom ethischen wie vom rechtlichen Standpunkt aus gebilligt werden konnte. Als solche gerechte Kriegsursachen galten zum Beispiel Verletzung des Staatsgebietes durch räuberischen Überfall oder Verletzung von Gesandtschaften oder von Verträgen. Nur gerechte Kriege standen unter dem Schutze der Gottheit.

Auch Erfordernisse formeller Art bestanden für einen gerechten Krieg, nämlich die ordnungsmäßige Kriegserklärung. Diese war ursprünglich ein sakraler Akt, die Fetialen warfen unter bestimmten Zeremonien eine blutige Lanze, das Symbol des Kriegsrechtes über die Grenze in das Gebiet des zu bekriegenden Feindes; später begnügte man sich mit einfacheren Formalitäten, aber an dem Erfordernis der Kriegserklärung hielt man fest.

Auch für die römischen Juristen und Staatsmänner bestand nicht der geringste Zweifel, daß der besiegte Feind rechtlos war und der freien Verfügungsgewalt des Siegers unterlag. Den Römern legte aber ihre staatskluge Politik gerade in diesem Punkte oft Mäßigung auf. Vor allem wollten sie nicht über entvölkerte Ruinenfelder und Wüsten herrschen, sondern über blühende Provinzen, und sie wußten, daß sie ihr ungeheures Reich auf die Dauer nur zusammenhalten konnten, wenn die zentrifugalen Tendenzen in den einzelnen Reichsteilen nicht allzu stark wurden; überdies brauchten sie die Bevölkerung der Provinzen zur Verteidigung gegen äußere Feinde. So vermieden sie unnötige Grausamkeiten, um spätere freundschaftliche Beziehungen nicht unmöglich zu machen. Die Kriegsgefangenen konnten als Sklaven behandelt werden, wurden aber vielfach zu römischen Untertanen; die nicht kriegerische Bevölkerung unterworfener Staaten aber blieb frei.

Dort aber, wo es die Politik verlangte, gingen auch die Römer mit vollständiger Vernichtung des Gegners und seiner Städte vor; so zerstörten sie Charthago und führten seine Einwohner als Sklaven fort, um die Gefahr, die das punische Reich für sie bildete, ein für allemal zu beseitigen.

Mehr als die Mittelmeervölker haben die Germanen die Persönlichkeit des Feindes geachtet. Das zeigt sich in ihrem Kriegsrecht sehr deutlich, es war bei weitem nicht so hart, wie das der Griechen und Römer. Namentlich die Behandlung der Gefangenen war eine ganz andere; sie werden zu Sklaven oder Hörigen, aber sie behalten ein gewisses Maß von Rechten. Hingegen ist das germanische Beuterecht roher als das römische. Jedenfalls finden sich bei den Germanen die ersten Spuren einer Anerkennung fremder Volksrechte auch im Kriege[4].

Einen mildernden Einfluß auf die Kriegssitten brachte das Christentum, doch nicht in dem Maße und mit der Energie, die man erwarten sollte. Als geistige Macht wollte es vornehmlich mit geistigen Mitteln kämpfen. Es zeigte sich aber, daß die Kirche ebenso wie weltliche Mächte dem Wandel unterlag, der mit zunehmender Macht so oft eintritt: sie wurde mit wachsender Stärke und Ausbreitung zu einer streitbaren Macht ersten Ranges. Die Kriege der Päpste unterscheiden sich durchaus nicht von denen der weltlichen Mächte jener Zeit, im Gegenteil, da die von der Kirche geführten Kämpfe nicht selten Religionskriege waren, die immer fanatisch, unduldsam und erbittert geführt werden, gehörten sie zu den blutigsten und grausamsten des Mittelalters; bei der planmäßig und zielbewußt betriebenen Ausrottung der Ungläubigen, speziell der Mohammedaner, morden und verwüsten die päpstlichen Heere nicht anders als orientalische Barbaren. Übrigens zeigen auch die von der Kirche ausgehenden Ketzerverfolgungen, Folterungen und Hexenverbrennungen, daß damals das Christentum nicht unter zu viel Humanität litt.

Eine höchst merkwürdige Erscheinung auf dem Gebiete der Kriegführung findet sich im Islam. Er ist von seinem Entstehen an als eine Religion des Krieges gedacht, ewiger Krieg gegen die Ungläubigen ist heiligste und höchste Pflicht der Islamiten, ein dauernder Friede ist ausgeschlossen. Tatsächlich hat der Islam in kurzer Zeit großartige kriegerische Erfolge erzielt; Ägypten, Nordafrika und der größte Teil Spaniens wurden mohammedanisch, ebenso die Länder östlich des Mittelmeeres bis tief nach Asien hinein. Das Christentum im Westen Europas war nicht weniger bedroht als der Buddhismus in Indien und manche andere Religion. Auch in späteren Jahrhunderten hat sich der Islam als kriegerische Macht ersten Ranges bewährt, hat doch nicht viel gefehlt, so wäre es ihm gelungen, den Halbmond auf dem ehrwürdigen Stephansdom in Wien aufzupflanzen. Da sich nun dieser Glaube von vornherein auf das Schwert stützte, dem er auch vor allem seine Triumphe verdankte, bildete sich in ihm sehr bald ein geordnetes und festes Kriegsrecht aus. Dieses ist aber nicht, wie man erwarten sollte, roh und unzivilisiert, sondern durchaus menschlich; seine Regeln waren in sehr klarer Form in verschiedenen Werken kodifiziert [5]. Dieses humane Kriegsrecht mitten in der noch recht barbarischen Zeit ist um so auffallender, da man bedenken muß, daß es für Religionskriege geschaffen wurde. Es enthält zum Beispiel die Vorschrift, daß Frauen, Kinder, Greise und Krüppel unter allen Umständen geschont werden müssen; Verstümmelungen, Vergiftung von Brunnen, Verletzung von Parlamentären und anderen Gesandten, Plünderung durch einzelne Soldaten und manche weitere orientalische Grausamkeit war verboten und mit den strengsten Strafen bedroht. Auch das Erfordernis vorheriger Kriegserklärung bestand; der Krieg wurde in der Weise erklärt, daß man den zu Bekämpfenden zur Bekennung des mohammedanischen Glaubens oder zur Zahlung eines Tributes an den Kalifen aufforderte; erst wenn dies verweigert wurde, brach der Krieg aus. Zwischen Mohammedanern untereinander war der Krieg überhaupt unzulässig.

Im Mittelalter standen mancherlei Umstände der Ausbildung eines europäischen Kriegsrechtes im

Wege. Die staatsrechtlichen wie die politischen Verhältnisse im heiligen römischen Reich deutscher Nation waren verworren, monströs, eine feste Zentralgewalt fehlte; die Herrschaft des Kaisers, der nach der anerkannten Theorie die ganze Welt zu regieren hatte, war oft äußerst schwach, und dabei waren Kriege an der Tagesordnung. Einerseits ging zwar vom Rittertum eine Verfeinerung der Kriegssitten aus, die zunächst allerdings nur den Ebenbürtigen zugute kam, anderseits aber hatten Fehderecht und Dynastenkriege den entgegengesetzten Einfluß. Der Ausbildung einer konstanten Übung stand ferner die wiederholt wechselnde Heeresverfassung entgegen. Ursprünglich war es eine Ehre und ein Vorrecht der höchsten Stände, Waffen zu tragen und zu Felde zu ziehen. Das änderte sich aber mit dem Aufkommen der Söldnertruppen, die vom Verfall des Rittertums an die Masse des Heeres, namentlich der Fußtruppen bildeten und damit verfielen auch die wenigen guten Traditionen des Kriegsrechtes, die sich erhalten hatten; zur Bildung neuer aber waren die Zustände nicht geeignet. Von diesen Landsknechten, die sich großenteils nur der erhofften Beute wegen anwerben ließen, die aus aller Herren Länder zusammenströmten, bald gegen diesen, bald gegen jenen Feind kämpften, die keine höheren Güter verteidigten, keine Überzeugung, kein Vaterland, von diesen konnte man auch keine höhere Auffassung des Krieges, keinen Respekt vor ungeschriebenen Gesetzen verlangen. Für sie waren die Kriege meist Beutezüge, Gelegenheiten, ihre Rauflust zu befriedigen, Abenteuer und

Zeitvertreib. Natürlich gab es auch Söldnerheere, die durch ihre Führer in Zucht und Ordnung gehalten wurden, aber das war nicht die Regel und mit vollem Recht wettert der Kapuziner in Wallensteins Lager über

„. . . . . Greuel und Heidenleben
Dem sich Offiziere und Soldaten ergeben."

Eine tiefgehende Umwandlung der gesamten Kriegführung brachte die Erfindung der Feuerwaffen. Persönliche Tapferkeit und Fähigkeiten traten noch mehr als früher in den Hintergrund. Jene Staaten, denen die meisten Mittel zur Verfügung standen, konnten die größten Heere aufstellen und sie am besten ausrüsten. So kam es, daß kleine Staaten, wie Holland und auch Schweden zeitweise eine Großmachtstellung sich sozusagen kaufen konnten. Mit den Feuerwaffen wurden aber auch die Verletzungen im Kriege unvergleichlich zahlreicher als früher und, da es ein geordnetes Sanitätswesen nicht gab, wurden die Schlachten viel grausamer, die Verluste viel größer.

Das Menschengeschlecht hat von jeher alle Fortschritte der Wissenschaft und Technik, so weit es möglich war, für den Krieg dienstbar gemacht, immer neue Kriegsmittel ersonnen, die Sicherheit, Schnelligkeit und Wirksamkeit der Zerstörungsmittel fortwährend gesteigert und das hat die Furchtbarkeit der Kriege immer erhöht, bis auf den heutigen Tag. Wir sehen das zum Beispiel auch an der letzten großen technischen Erfindung, den Luftfahrzeugen, deren sich die Staaten sofort zu militärischen Zwecken bemächtigt haben.

Hand in Hand mit diesem Wetteifer der Staaten im Erfinden und Verwenden von immer neuen und wirksameren Waffen gehen aber auch die Versuche, die allergrausamsten Kriegsmittel zu verbieten, namentlich jene, die durch ihre Art unnötige Leiden zu verursachen imstande sind. Diese Versuche gehen sowohl von den Theoretikern wie von der Praxis, von den Staaten aus. Der große holländische Völkerrechtsschriftsteller Bynkershoek, der zu Beginn des 18. Jahrhunderts schrieb, erklärte zwar jede Art der Beschädigung und Vernichtung des Feindes ohne Ausnahme für zulässig — „omnis vis in bello justa est"[6] —, doch zur Ehre der Völkerrechtslehrer sei gesagt, er steht mit dieser Theorie ganz vereinzelt da. Schon Hugo Grotius, der Begründer der Völkerrechtswissenschaft, auch ein Holländer, der hundert Jahre vor Bynkershoek lebte, schließt gewisse Kampfesmittel als überflüssig grausam und unmenschlich aus, so zum Beispiel die Zusendung von pestkranken Menschen oder die Vergiftung von Lebensmitteln; er bringt auch eine eingehende Untersuchung über die Zulässigkeit von List und Betrug dem Feinde gegenüber[7]. Übrigens finden sich bei allen völkerrechtlichen Schriftstellern des 17. und 18. Jahrhunderts verbotene Mittel aufgezählt.

Die Staaten selbst versuchten durch Vereinbarung diese humanen Regungen in Tat umzusetzen. So wurden im 17. Jahrhundert Verträge geschlossen über den Nichtgebrauch vergifteter Waffen, der Stangen-

und Kettenkugeln, glühender Kugeln und brennender Pechkränze und dergleichen mehr[8]. Verschiedene Kampfmittel wurden von der öffentlichen Meinung als unhonorig und unerlaubt verurteilt und von den Staaten immer seltener verwendet, so das Laden der Kanonen mit gehacktem Blei, Nägeln, Glasscherben und ähnlichen Gegenständen, die furchtbare Verletzungen hervorrufen. Auch die Kriegslisten wurden schon im 16. und 17. Jahrhundert nicht ausnahmslos gebilligt, so zum Beispiel das Hissen einer fremden Flagge auf einem Kriegsschiff, um den Feind irre zu führen oder das Brechen des nur aus List gegebenen Wortes.

Diese Humanisierungsversuche, die sich zunächst nur als gewohnheitsrechtliche Übung und zaghaft in vereinzelten Verträgen finden, verdichten sich im Lauf der Zeit zu einem Rechtssatz des Völkerrechts, dahin lautend, daß der Krieg nicht mehr eine regel- und sittenlose Bekämpfung des Gegners sein soll, sondern daß er der Zweikampf zweier Staaten ist, der ebenso wie der Zweikampf zweier Individuen an gewisse Formen gebunden erscheint.

Diese Auffassung gewann im Laufe des 19. Jahrhunderts in den zivilisierten Staaten schnell und sicher an Boden. Die Entwicklung wurde sehr begünstigt durch einen anderen internationalen Prozeß, der noch heute nicht beendet ist und darin besteht, daß die Staaten sich gegenseitig auf den verschiedensten Lebensgebieten unterstützen. In einer bisher beispiellosen Weise stellen die verschiedenen Staaten einander ihre Kräfte und Hilfsmittel zur Verfügung, denn sie haben endlich erkannt, daß es eine unübersehbare Zahl solidarer, gemeinsamer Interessen gibt, die durch gemeinsames Handeln entweder wesentlich leichter erreicht werden, als wenn jeder Staat für sich vorgeht, oder die von einem einzelnen Staate für sich überhaupt nicht erreicht werden können. Dieses Zusammenwirken der Staaten erscheint uns heute schon ganz selbstverständlich; wir denken gar nicht daran, welch unendlich langer und schwieriger Kulturarbeit es bedurft hat und welch zahlreiche internationale Verträge geschlossen werden mußten, bis wir in die Lage kamen, ohne weiteres einen Brief in ein anderes Land zu schicken, einfach damit, daß wir eine Marke aufkleben und ihn in den Kasten werfen; es erscheint uns als ganz selbstverständlich, daß die Eisenbahnwagen über die Landesgrenzen rollen, von Wien nach Paris, von Berlin nach Bukarest oder Rom, durch andere Staaten hindurch, und daß alle Bahnen auf den Millimeter genau die gleiche Spurweite haben[9], ja, auch daß wir selbst ohne jede Formalität jederzeit fremde Staaten betreten und uns dort aufhalten dürfen, daß uns dort auch Gericht und Polizei ihren Schutz angedeihen lassen müssen, daß wir uns niederlassen, Gewerbe betreiben, Grundbesitz erlangen dürfen und vieles andere, ist eine Errungenschaft der neuesten Zeit, eine Frucht der Erkenntnis, daß die Staaten und Völker miteinander eine große Gemeinschaft bilden und daß die Jahrtausende lange staatliche Absonderung den Interessen aller widerspreche. Ohne diese Erkenntnis wäre es nie und nimmer möglich gewesen, eine so grandiose Organisation zu schaffen wie den Weltpostverein, zu dem einheitlichen internationalen Metermaß zu gelangen, eine über den ganzen Erdball verbreitete, in allen Staaten anwendbare und verständliche Signal-Flaggensprache durchzuführen; niemals wäre es gelungen, ohne internationale Verträge die Pest und Cholera, die Reblaus und andere Schädlinge wirksam zu bekämpfen, den Seeraub und Sklavenhandel auszurotten, die Auslieferung und Bestrafung flüchtiger Verbrecher zu sichern, die freie Schiffahrt auf den internationalen Strömen durchzuführen und vieles andere noch. Diese sogenannten internationalen Verwaltungsverträge, deren Zahl schon außerordentlich groß ist und noch täglich zunimmt, sind ein unbezahlbarer Schatz jedes zivilisierten Staates.

Diese neue, von Grund aus veränderte Auffassung der Staaten über ihr Verhältnis zueinander, die Erkenntnis, daß sie nicht nur nebeneinander, sondern auch für einander existieren sollen, hat auch auf das Kriegsrecht seine Wirkungen gehabt. Niederwerfen des Gegners ist nach wie vor das letzte Ziel eines kriegführenden Staates, aber die Mittel, mit denen dieser Zweck erreicht werden soll, haben im letzten Jahrhundert einen tiefgehenden Wandel erfahren; man will nicht mehr den Gegner vernichten, möglichst viel Verheerungen an Land und Leuten anrichten und schaden und verwüsten wo und wie man kann, sondern im Gegenteil, das Ziel des modernen Krieges ist, den Gegner mit möglichst geringen Verlusten auf beiden Seiten und mit möglichster Schonung zu besiegen.

War dies einmal als erstrebenswert erkannt, so

bedurfte es nur mehr eines Schrittes, um zu einer wirksamen Humanisierung der Kriegführung zu gelangen. Wichtige Vorarbeiten waren ja schon geleistet, es handelte sich nun vor allem darum, den bisher vereinzelt dastehenden Vereinbarungen allgemeine Anerkennung im Völkerrecht zu verschaffen. Bis zum Jahre 1899 war die Mehrzahl der Kriegsregeln Bestandteil des ungeschriebenen Völkerrechts, womit ihnen der unsichere Charakter alles ungeschriebenen Rechtes anhaftete. Im Jahre 1899 trat die erste Friedenskonferenz im Haag zusammen und von da an machte das Kriegsrecht durch Kodifizierung der einzelnen Regeln mehr Fortschritte als in den vorangegangenen Jahrhunderten. Mit Unrecht sind die Arbeiten dieser Konferenz und der zweiten von 1907 von mancher Seite so gering geschätzt worden; die Arbeiten waren segensreich, und wenn sie auch nicht gleich von vollem Erfolg begleitet waren, so muß man bedenken, daß es erst der Beginn eines großen und überaus schwierigen Werkes ist, das wir hier miterlebt haben. So manches brauchte die Konferenz nur zu kodifizieren, das bereits auf Grund von Einzelverträgen ziemlich allgemein in Geltung stand; vieles aber wurde auch neu geschaffen. Das Ergebnis der ersten Friedenskonferenz, soweit es die Kriegführung betrifft, ist zusammengefaßt in dem Abkommen, betreffend die Gesetze und Gebräuche des Landkrieges vom 29. Juli 1899.

Unter den älteren Vereinbarungen der Staaten zur Minderung der Kriegsgreuel ist die wichtigste und bekannteste die **Genfer Konvention** von 1864, die

die Pflege und Versorgung der verwundeten und kranken Soldaten zum Gegenstand hat. Auch solche Verträge wurden schon in früheren Jahrhunderten abgeschlossen, erlangten aber nie für eine größere Anzahl von Staaten Geltung. Die Veranlassung zur Genfer Konvention hat die furchtbar blutige Schlacht bei Solferino 1859 gegeben. Es wird erzählt, unser Kaiser sei damals nach dem Kampf über das Schlachtfeld geritten und habe einen derart entsetzlichen Eindruck von den zu Hunderten hilflos daliegenden und sterbenden Soldaten gehabt, daß er darum so schnell Frieden geschlossen habe; tatsächlich hat ja Österreich damals schon den Krieg verloren gegeben, obwohl es noch keineswegs niedergeworfen war. Wie dem auch sei, jedenfalls war das blutige Schlachtfeld von Solferino die unmittelbare Veranlassung zum Abschluß eines von reiner Menschlichkeit diktierten Abkommens, das seit seinem Bestande — es wird in diesem Jahre ein halbes Jahrhundert — so segensreich gewirkt hat wie wohl noch kein anderer Vertrag. Zwei Schweizer, Dunant und Moynier haben unter Berufung auf die entsetzlichen Leiden der Verwundeten in jener Schlacht die eidgenössische Regierung bestimmt, eine Staatenkonferenz nach Genf einzuladen, um Bestimmungen über die Pflege der Verwundeten im Kriege zu vereinbaren. Diese Konferenz kam zustande und führte zum Abschluß einer Konvention, die aber zunächst nur von sechzehn Staaten unterzeichnet wurde; Österreich war nicht darunter, es trat erst nach Ausbruch des Krieges mit Preußen im Jahre 1866 bei; in den folgenden Jahren und Jahrzehnten aber sind fast alle Staaten der Erde der Konvention beigetreten. Sie galt nur für den Landkrieg, erst die Haager Konferenz von 1899 hat sie auf den Seekrieg ausgedehnt.

Nach diesem Vertrage sind die Staaten verpflichtet, die verwundeten und kranken Soldaten ohne Unterschied, welcher Kriegspartei sie angehören, aufzunehmen und zu verpflegen. Das gesamte Verpflegs- und Ärztepersonal, die Verwaltungsbeamten sowie alle jene Personen, die zum Transport von Kranken, Krankenwagen, Material und dergleichen bestimmt sind, ebenso wie die Feldprediger sind unverletzlich, sie dürfen unter keinen Umständen angegriffen oder gefangen genommen werden; auch dann, wenn das Spital, in dem sie ihren Dienst tun, vom Feinde besetzt ist, sollen sie berechtigt, und nach einer Zusatzkonvention von 1868 sogar verpflichtet sein, ihre Aufgabe weiter zu erfüllen; der Sieger hat ihnen sogar die ihnen zukommenden Bezüge auszuzahlen. Ebenso wie das Personal sind auch die Anstalten selbst unverletzlich, also Spitäler, Feldlazarette, Krankenwagen, Ambulanzen und alles Material. Endlich sind unverletzlich die Landesbewohner, die den Verwundeten zu Hilfe kommen; jeder in ein Haus aufgenommene und verpflegte Verwundete dient dem Hause als Schutz; das Haus soll vor Einquartierung und Kriegskontribution verschont bleiben.

Alle zur Aufbewahrung von Verwundeten und Kranken dienenden Räume sind durch eine Flagge deutlich zu machen, die das Zeichen der Genfer Konvention trägt, das auch das Personal als Armbinde zu tragen hat, nämlich das rote Kreuz im weißen Feld. Die Wahl dieses Zeichens ist eine Aufmerksamkeit für die Urheber der Konvention, nämlich die Umkehrung des Genfer und zugleich des Schweizer Wappens, das ein weißes Kreuz im roten Feld ist. Die Türkei hat statt des roten Kreuzes den roten Halbmond, Persien die aufgehende Sonne; andere nicht christliche Staaten haben das Kreuz angenommen, so z. B. Japan und China. Mißbrauch des roten Kreuzes, z. B. zu Spionagezwecken, ist strafbar.

Was die Kriegführung selbst betrifft, so charakterisiert sich der moderne Krieg zunächst durch eine genaue Bestimmung der Kriegsmacht, woran es in früherer Zeit gänzlich gefehlt hat. Die Anwendung von Gewalt ist heute nur den bewaffneten Streitkräften des Staates gestattet und nur gegen die bewaffneten Streitkräfte des Gegners. Als Kriegsmacht ist nur das organisierte Heer anzusehen, das unter staatlicher Leitung steht und äußerlich durch gewisse Abzeichen, in unseren Staaten durch die Uniform kenntlich ist. Dagegen ist gegenüber der friedlichen Bevölkerung des Landes jede Waffengewalt ausgeschlossen, und ebenso darf die friedliche Bevölkerung nicht mit Waffengewalt gegen das feindliche Heer vorgehen.

Auf den ersten Blick scheint es, als ob diese Unterscheidung zwischen Armee und Bevölkerung ganz einfach wäre, aber die Grenze ist nicht immer leicht zu ziehen. Napoleon I. hat 1809 Andreas Hofer, der auf eigene Faust den ins Land eingedrungenen Feind bekämpfte, als Rebellen behandelt, und ebenso hat er das Lützowsche Freikorps nicht als Bestandteil der organisierten Macht anerkannt. Im deutsch-französischen Krieg von 1870/71 gaben die sogenannten Francs-tireurs Anlaß zu heftigen Protesten seitens der deutschen Regierung. Diese Irregulären waren nämlich nicht vom Staat organisiert, sondern Frankreich hatte nur eine allgemeine Autorisation erlassen und jedermann zum Waffentragen und Bekämpfen der deutschen Heere aufgefordert. Die Francs-tireurs mißbrauchten aber diese Autorisation in völkerrechtswidriger Weise. Vor allem trugen sie keine deutlich erkennbaren Abzeichen, sie unterschieden sich gar nicht oder nur unmerklich von den französischen Bauern in ihren blauen Kitteln; so waren sie stets in der Lage, auf die leicht erkennbaren, uniformierten Deutschen zu schießen, von denen sie, namentlich auch darum, weil sie ihre Waffen nicht offen trugen, für friedliche Bauern gehalten wurden. Dazu kam, daß sie oft das leicht abnehmbare militärische Abzeichen entfernten und sich für friedliche Landbevölkerung ausgaben, dann aber wieder, im Rücken der deutschen Truppen oder numerisch schwächeren Truppenteilen gegenüber als organisierte Kriegsmacht auftraten. Sie waren völkerrechtlich nicht Kombattanten, sondern Straßenräuber und Meuchelmörder.

Das Haager Abkommen von 1899 hat auch die Stellung dieser Freischaren genau präzisiert und die Bedingungen für ihre Anerkennung als Kriegsmacht vorgeschrieben. Es wird verlangt, daß jemand an ihrer Spitze stehe, der für das Verhalten der Krieger verantwortlich ist, dann, daß sie ein bestimmtes, aus der Ferne erkennbares Abzeichen tragen, daß sie die Waffen offen tragen und endlich, daß sie die Kriegsgesetze und Kriegsgebräuche beobachten. Nur unter diesen Voraussetzungen werden Freischaren als Bestandteile des organisierten Heeres anerkannt.

Wie die friedliche Bevölkerung, solange sie nicht gegen den eindringenden Feind die Waffen ergreift, unverletzlich ist, nicht angegriffen und nicht gefangen genommen werden darf, so ist auch das Privateigentum im Kriege im allgemeinen unantastbar. Plünderung und Beutemachen ist völkerrechtswidrig und strafbar. Was unmittelbar zur Kriegführung dienen kann, wie Eisenbahnmaterial, Pferde, Schiffe, Automobile, auch Nahrungsmittel und Kleider, nicht aber Geld, kann gegen Entschädigung weggenommen werden. Das ist nicht ein Kauf, denn der Eigentümer muß das Verlangte hergeben; es ist auch nicht Raub oder Beute, denn man bekommt dafür vollen Ersatz; auch sind die Gegenstände, soweit das möglich ist, nach dem Kriege zurückzuerstatten. Juristisch handelt es sich hier um eine Art Expropriation. Dem Privateigentum gleichgestellt sind die dem Gottesdienst und der Wohltätigkeit gewidmeten Gegenstände, ferner die Anstalten der Kunst und Wissenschaft, auch wenn sie Staatseigentum sind. Alles übrige bewegliche Staatsgut, auch Geld, kann vom Feinde genommen werden; unbewegliches Gut kann benutzt, darf aber nicht verwüstet werden.

Nur befestigte und verteidigte Plätze dürfen belagert und beschossen werden, also Festungen, niemals aber offene Städte, Dörfer und sonstige Ansiedelungen. Wird eine Festung belagert, so kann der Belagerer der friedlichen Einwohnerschaft, Weibern, Kindern, Kranken usw., freien Abzug gewähren, aber er ist dazu nicht verpflichtet. Vor der Beschießung eines befestigten Platzes soll der Befehlshaber der angreifenden Truppen die Behörden des belagerten Platzes davon benachrichtigen, den Fall eines Sturmangriffes ausgenommen. Überdies sollen bei Beschießungen die dem Gottesdienst, der Kunst, der Wissenschaft und der Wohltätigkeit gewidmeten Gebäude möglichst geschont werden; ebenso historische Denkmäler, Hospitäler u. dgl. Voraussetzung ist aber, daß sie nicht gleichzeitig militärischen Zwecken dienen, etwa als Kasernen oder Magazine. Die Belagerten sind verpflichtet, diese Gebäude mit besonderen deutlichen Zeichen zu versehen, die dem Belagerer vorher bekanntzugeben sind. Die Preisgabe eines Platzes zur Plünderung, auch wenn er im Sturm genommen worden ist, ist unter keinen Umständen gestattet.

Das Haager Abkommen hat auch eine Reihe von Kampfmitteln als verbotene Mittel untersagt. Als ein unmittelbarer Vorläufer dieses Erfolges der Humanitätsidee ist die Petersburger Konvention von 1868 zu erwähnen, in der sich die Mächte verpflichtet haben, Explosivgeschosse unter 400 Gramm Gewicht nicht zu verwenden. Granaten, Schrapnells u. dgl., die aus Kanonen geschossen werden, sind also nicht verboten, nur die Explosivgeschosse aus Handfeuerwaffen, wie die berüchtigten englischen Dum-Dum-Geschosse.

Das Haager Abkommen sagt zunächst ganz allgemein, daß die Kriegsparteien kein unbeschränktes Recht in der Wahl der Mittel zur Beschädigung des Feindes haben. Dann zählt es die einzelnen verbotenen Mittel auf, von denen manche schon in früherer Zeit durch Einzelverträge ausgeschlossen waren. Sonderverträge der Staaten, die das Verbot weiterer Kriegsmittel zum Gegenstand haben, werden durch das Haager Abkommen nicht berührt. Nach diesem sind folgende Mittel verboten[10]:

1. Die Verwendung von Gift oder vergifteten Waffen;
2. die meuchlerische Tötung oder Verwundung von Angehörigen des feindlichen Volkes oder Heeres;
3. die Tötung oder Verwundung eines die Waffen streckenden oder wehrlosen Feindes, der sich auf Gnade oder Ungnade ergeben hat;
4. die Erklärung, daß kein Pardon gegeben wird;
5. der Gebrauch von Waffen, Geschossen oder Stoffen, die geeignet sind, unnötig Leiden zu verursachen;
6. der Mißbrauch der Parlamentärflagge, der Nationalflagge oder der militärischen Abzeichen oder der Uniform des Feindes sowie der besonderen Abzeichen des Genfer Abkommens;
7. die Zerstörung oder Wegnahme feindlichen Eigentums ,außer in den Fällen, wo diese Zerstörung oder Wegnahme durch die Erfordernisse des Krieges dringend erheischt wird;
8. die Aufhebung oder zeitweise Außerkraftsetzung der Rechte und Forderungen von Angehörigen der

Gegenpartei oder die Ausschließung ihrer Klagbarkeit.

Ferner ist den kriegführenden Staaten untersagt, Angehörige der Gegenpartei zur Teilnahme an den Kriegsunternehmungen gegen ihr Land zu zwingen; das gilt selbst für den Fall, daß sie schon vor Ausbruch des Krieges angeworben waren.

Nichts ist im Haager Abkommen erwähnt von einer furchtbaren Waffe, deren sich die Franzosen im Krieg von 1870 bedient haben, nämlich von der Verwendung unzivilisierter ,barbarischer Völker, von Wilden aus Afrika. Die Turcos, die sich die Franzosen damals aus ihrer Kolonie Algerien geholt haben, haben, wie einwandfrei festgestellt und sogar von Franzosen zugegeben worden ist[11], die scheußlichsten Grausamkeiten an Gefangenen und Verwundeten begangen. Nichtsdestoweniger muß man sagen — und die völkerrechtliche Theorie ist hierin ziemlich einig —, daß die Verwendung unzivilisierter Völkerstämme im Kriege gegen zivilisierte Staaten an und für sich nicht als völkerrechtswidrig anzusehen ist, nur muß der Staat, der sie verwendet, dafür einstehen, daß sie die Kriegsgebräuche einhalten und sich nicht als Barbaren benehmen. Unserem Gefühl allerdings widerstrebt solche Handlungsweise und wenn die Franzosen es nicht selbst ausposaunen würden, daß sie an der Spitze der Zivilisation marschieren, — die anderen Völker würden es ihnen kaum nachsagen.

Mit der Modernisierung des Krieges hat sich auch die rechtliche Stellung und das Los der Kriegsgefangenen wesentlich geändert. Seinerzeit war, wer in

Kriegsgefangenschaft geriet, der Willkür des Feindes vollkommen preisgegeben. Im Orient war allgemein die Massentötung der Gefangenen üblich, oft verbunden mit raffinierten Grausamkeiten aller Art; auch bei Griechen und Römern finden sich ursprünglich Massentötungen; später verfallen die Gefangenen in Sklaverei. Letzteres war auch bei den Römern die übliche Behandlung der Kriegsgefangenen, ebenso bei den Germanen, wo sie sich bis ins Mittelalter hinein erhalten hat; die Gefangenen wurden Knechte oder Hörige. Vielfach, namentlich in der Blütezeit des Söldnerwesens, benutzte man die Gefangenen dazu, Lösegeld zu erpressen; dieses kam nach dem zeitweise herrschenden Kriegsgebrauch jenem Truppenteil oder jenem einzelnen Individuum zu, dem die Gefangennahme gelungen war.

Heute ist Kriegsgefangenschaft nichts weiter als eine Sicherheitshaft. Der heutige Krieg ist der Kampf zwischen Staaten und nicht mehr zwischen Einzelpersonen, und nach modernem Kriegsrecht soll dem Feinde nicht mehr Übel zugefügt werden, als für die Erreichung der Kriegszwecke notwendig ist. Darum darf auch den Gefangenen nicht nur nicht das Leben genommen werden, es muß auch ihre Gesundheit und ihr Eigentum geschont werden. Bahnbrechend für diese Auffassung der Kriegsgefangenschaft wirkte der Freundschaftsvertrag, den Friedrich der Große mit der nordamerikanischen Union 1785 abgeschlossen hatte, ein Vertrag, der in noch manch anderer Beziehung für das moderne Kriegsrecht vorbildlich sein konnte.

Bei der Kriegsgefangenschaft handelt es sich darum, die als Gegner tätigen, aktiven Personen unschädlich zu machen; daher verfallen in Kriegsgefangenschaft nur die Kombattanten; auch das Staatsoberhaupt — wie Napoleon III. bei Sedan —, Minister, Diplomaten und wer sich sonst als staatlicher Funktionär, also nicht als Privatmann, bei der Armee aufhält, kann in Kriegsgefangenschaft geraten, nie aber die friedliche Bevölkerung. Gegen diese Grundsätze haben die Engländer im Burenkrieg verstoßen, als sie alle Personen, deren sie habhaft werden konnten, auch Frauen, Kinder, Greise, Kranke usw., in den Konzentrationslagern zusammenpferchten, wo sie zu hunderten den verschiedenen Epidemien zum Opfer fielen.

Nach dem Haager Abkommen[12] sollen die Gefangenen „mit Menschlichkeit behandelt werden". Ihr Privateigentum darf ihnen nicht genommen werden mit Ausnahme der Waffen, Pferde und Schriftstücke militärischen Inhalts. Der Staat kann sie, mit Ausnahme der Offiziere, zu Arbeiten verwenden, die ihren Fähigkeiten entsprechen; die Arbeiten dürfen aber in keiner Beziehung zu den Kriegsunternehmungen stehen, z. B. zu Befestigungsbauten dürfen die Gefangenen nicht herangezogen werden. Der Staat kann auch gestatten, daß die Kriegsgefangenen für Städte oder andere öffentliche Verwaltungen oder für Privatpersonen oder auf eigene Rechnung Arbeiten ausführen. Der Verdienst der Kriegsgefangenen soll zur Verbesserung ihrer Lage verwendet werden; ergibt sich nach Abzug der Unterhaltungskosten ein Überschuß, so soll ihnen dieser bei der Freilassung ausbezahlt werden. Entwichene Kriegsgefangene können dann disziplinarisch bestraft werden, wenn sie wieder gefangen genommen werden, bevor sie ihr eigenes Heer erreicht oder das von ihrem Feinde besetzte Gebiet verlassen haben; werden sie aber nach gelungener Flucht von neuem gefangen, so dürfen sie für die frühere Flucht nicht mehr bestraft werden.

Kriegsgefangene können gegen Ehrenwort freigelassen werden, sie können aber nicht gezwungen werden, ihre Freilassung gegen Ehrenwort anzunehmen. Freigelassene dürfen während desselben Krieges nicht mehr gegen denselben Gegner die Waffen ergreifen; auch ihre Regierung darf keinerlei Dienste von ihnen verlangen oder annehmen, die dem gegebenen Ehrenwort widersprechen. Jeder gegen Ehrenwort Entlassene, der seine eingegangenen Verpflichtungen nicht hält und wieder gefangen wird, verliert das Recht der Behandlung als Kriegsgefangener und kann vor Gericht gestellt werden. Nach dem Friedensschlusse sollen alle Kriegsgefangenen binnen kürzester Frist in die Heimat entlassen werden.

Als Spion[13] ist derjenige anzusehen, der heimlich oder unter falschem Vorwand in dem Operationsgebiete eines Kriegführenden Nachrichten einzieht oder einzuziehen sucht, in der Absicht, sie der Gegenpartei mitzuteilen; wer hingegen offen sich über das feindliche Heer Nachrichten zu verschaffen sucht, gilt nicht als Spion; man bezeichnet solche Personen gewöhnlich als Kundschafter, doch kommt dieser

Ausdruck im Haager Abkommen nicht vor. Demnach sind Militärpersonen in Uniform, die in das Gebiet des feindlichen Heeres eingedrungen sind, nicht als Spione anzusehen. Ferner gelten nicht als Spione: alle Personen, die offen einen erteilten Auftrag ausführen und solche, die in Luftschiffen befördert werden. Spione, die auf frischer Tat ertappt werden, werden standrechtlich gerichtet, doch heißt das nicht, daß sie ohne weiteres erschossen oder aufgehängt werden dürfen, es muß vielmehr ein Prozeß und eine Urteilsfällung vorangehen. Kundschafter werden, so wie die übrigen Angehörigen der Kriegsmacht, nach den Grundsätzen des Völkerrechts behandelt. Ist ein Spion zu dem Heere, dem er angehört, zurückgekehrt, und wird er später vom Feind gefangen, so darf er für die früher begangene Spionage nicht mehr verantwortlich gemacht werden; er ist dann als Kriegsgefangener zu behandeln.

Unter einem Parlamentär[14] versteht man eine Person, die von einem der Kriegführenden bevollmächtigt ist, mit der andern Kriegspartei in Unterhandlungen zu treten; der Parlamentär ist kenntlich durch die weiße Fahne. Er hat Anspruch auf Unverletzlichkeit, ebenso der ihn begleitende Trompeter, Hornist oder Trommler, Fahnenträger und Dolmetscher. Ein Parlamentär muß nicht unter allen Umständen von dem Befehlshaber, zu dem er gesandt wird, empfangen werden. Der Befehlshaber kann ferner alle Maßregeln ergreifen, die ihm notwendig scheinen, um den Parlamentär zu verhindern, seine Sendung zur Einziehung von Nachrichten zu verwenden; bekannt ist, daß den Parlamentären beim passieren der feindlichen Verteidigungslinien in der Regel die Augen verbunden werden. Liegt der bestimmte, unwiderlegbare Beweis vor, daß ein Parlamentär seine bevorrechtigte Stellung dazu benutzt hat, um Verrat zu üben oder dazu anzustiften, dann verliert er seinen Anspruch auf Unverletzlichkeit, kann also zum Kriegsgefangenen gemacht, eventuell sogar als Spion behandelt werden.

Noch manche interessante Frage könnte hier angeschlossen werden, so die nach den Rechten und Pflichten der nicht am Kriege teilnehmenden Staaten, der sogenannten Neutralen, ein durchaus moderner Begriff, der dem Altertum fremd war: wer nicht Freund war, der war Feind; ferner die Bestimmungen über Kriegsbeginn und Friedensschluß, Kapitulationen, Waffenstillstand, dann die neuesten Abkommen über die Verwendung der modernsten Waffe, der Luftschiffe, die Zulässigkeit von Kriegslisten und deren Grenze, und endlich die großenteils ganz eigenartigen Rechtssätze, die das Seekriegsrecht beherrschen, jenen Teil des Kriegsrechtes, dessen Modernisierung und Humanisierung bis in die letzte Zeit an dem brutalen Widerstand der übermächtigen Engländer scheiterte. Dazu reicht aber weder die Zeit noch wohl Ihre Geduld. Ich eile zum Schluß und will nur eine Frage noch kurz streifen, nämlich die vielerörterte: Wie wird die Entwicklung weiter gehen? Wird es einmal dazu kommen, daß die Kriege aus der Welt verschwinden, oder ist der ewige Friede ein Hirngespinst?

Will man ernstlich und ohne Voreingenommenheit
dieser Frage nähertreten, so muß man sich vor allem
vor Augen halten, daß es ganz verschiedene Arten
der Kriege und sehr verschiedene Kriegsursachen
gibt. Neben den Kriegen der Staaten untereinander
gibt es Bürgerkriege im Innern des Staates; diese
haben bei der Entstehung der modernen Staatenwelt
die allergrößte Rolle gespielt. Im 18. und 19. Jahrhundert sind zahlreiche Staaten in der Weise neu entstanden, daß sich Provinzen, Kolonien oder sonstwie
zu benennende Teile eines Reiches gegen das Reich
erhoben und mit Gewalt ihre Losreißung und Unabhängigkeit durchgesetzt haben. So sind die Vereinigten Staaten von Nordamerika durch Aufstand gegen
die englische Herrschaft zu einem eigenen Staat geworden; in den ersten zwei Dezennien des 19. Jahrhunderts rissen sich die spanischen und portugiesischen Kolonien in Südamerika vom Mutterland los
und wurden eigene Staaten; Griechenland, Serbien,
Montenegro, Rumänien, Bulgarien schüttelten nach
gelungenen Kämpfen die türkische Oberhoheit ab,
und auch das neueste Staatswesen, das eben erst sein
eigenes Leben beginnt, Albanien, ist durch Krieg entstanden. Das alles waren mehr oder weniger Bürgerkriege. Es sind das Fälle — und es gibt in der Geschichte noch viele Beispiele dafür —, in denen sich
der historisch hergebrachte Zustand überlebt hatte,
in denen neue Bedürfnisse, neue Lebensbedingungen
für einzelne Reichsteile entstanden, denen die geltende Ordnung nicht Rechnung getragen hatte. Noch
mannigfache andere Ursachen aber haben blutige

Bürgerkriege entfacht, wie Streit um die Regierungsform, Kämpfe zwischen Thronprätendenten oder Dynastien, politische Parteikämpfe u. a.; man denke nur, um ein Beispiel aus der letzten Zeit zu nehmen, an die Revolution in Mexiko, die seit Jahren dort der normale Zustand zu sein scheint. Gegen diese Art Kriege gibt es kein Mittel.

Ein Krieg zwischen verschiedenen Staaten hat heute für die Beteiligten ganz andere Bedeutung und andere Wirkungen und Folgen als in früherer Zeit. Zunächst spielen die wirtschaftlichen Interessen in der Politik eines jeden Staates jetzt eine so große Rolle, daß ihnen ein nicht geringer Einfluß in der Entscheidung über Krieg und Frieden zufällt. Der Krieg ist, auch wenn er siegreich geführt wird, nicht mehr, wie seinerzeit, eine Quelle der Bereicherung, sondern er ist unter allen Umständen eine Zerrüttung und Schädigung der gesamten ökonomischen Verhältnisse. Und dabei werden nicht nur die Staaten betroffen, die in den Krieg verwickelt sind, sondern auch die neutralen, die dem Krieg äußerlich ganz ferne stehen, auch wenn sie auf der andern Hemisphäre der Erde liegen. Die wirtschaftlichen Verbindungen der Staaten sind heute so innige, die Abhängigkeit eines jeden von so vielen anderen ist heute eine so weitgehende, daß ein Krieg zwischen zweien von ihnen sich bei allen fühlbar macht. Das ist keine gering anzuschlagende Friedensgarantie.

Dazu kommt ein zweiter Grund, der eine Verminderung der Kriege herbeiführen muß, das ist die Teilnahme der Bevölkerung, der Bürger an der Regierung der Staaten, an der Politik. Ein Monarch wird heute schwerlich einen Krieg beginnen, der nicht vor der öffentlichen Meinung seines Volkes gerechtfertigt erscheint. Eroberungslust, Erbfolgestreitigkeiten, Rachsucht, persönliche dynastische Interessen und ähnliche Faktoren, die früher zahlreiche Kriege veranlaßt haben, sind heute kaum mehr ernstlich als Ursachen eines Krieges anzusehen. Die Staaten bedienen sich auch nicht mehr gemieteter, fremder Söldnertruppen, die, wenn sie dezimiert sind, beliebig ergänzt werden können, die wie Maschinen verwendet, verbraucht, ersetzt werden, sondern seit der Einführung der allgemeinen Wehrpflicht sind es die eigenen Bürger, die durch den Krieg unmittelbar getroffen werden; und das Menschenleben wird heute höher denn je eingeschätzt. Der Krieg ist nicht mehr eine Angelegenheit des Staatsoberhauptes oder der Dynastie, sondern er ist eine Sache des Volkes.

Dazu kommen vielfach verfassungsrechtliche Bestimmungen, die eine unüberlegte und überhastete Kriegserklärung verhindern sollen. Jn den Demokratien steht niemals einer einzelnen Person, etwa dem Präsidenten allein das Recht der Kriegserklärung zu, sondern immer einem Kollegium; auch der deutsche Kaiser hat nicht allein das Recht der Kriegserklärung; er bedarf dazu der Zustimmung des Bundesrates, das ist des aus den Vertretern der deutschen Gliedstaaten bestehenden Kollegiums; nur für den Fall, daß deutsches Gebiet angegriffen wird, bedarf es nicht dieser Zustimmung. Für Frankreich erklärt der Präsident nach Zustimmung beider Kammern den Krieg; als vor längerer Zeit einmal eine starke Verstimmung zwischen Deutschland und Frankreich bestand und in Frankreich vielfach wieder die alte Revancheidee auftauchte, da zeigte es sich, daß die Mehrzahl der im Parlament sitzenden Mitglieder wehrpflichtig war und bei Ausbruch eines Krieges hätte einrücken müssen; das hat auf die kriegerische Stimmung der Kammern sehr abkühlend gewirkt.

Es gibt aber große, weltgeschichtliche Fragen im Leben der Staaten, Existenzfragen, die nicht anders gelöst werden können als mit Gewalt. Da ist es denn selbstverständlich, daß alle anderen Interessen zurückgedrängt werden. Wir sehen das am besten an den großen Kriegen, die in der zweiten Hälfte des 19. Jahrhunderts in Europa geführt worden sind und die die politische Landkarte dieses Weltteiles — mit Ausnahme des Hexenkessels am Balkan — so gestaltet haben, wie sie seit mehr als vierzig Jahren aussieht. Der Kampf um die staatliche Einheit Italiens konnte nur mit Waffengewalt ausgefochten werden, ebenso wie nur der Krieg den Streit um die Vorherrschaft in Deutschland zwischen Österreich und Preußen entscheiden konnte; freiwillig wäre niemals einer dieser beiden Staaten zurückgetreten. Auch die Jahrhunderte alte Rivalität zwischen Deutschland und seinem traditionellen Erbfeind Frankreich war nur durch Krieg dauernd zu schlichten. Ein ähnlicher Entscheidungskampf war der um den politischen und wirtschaftlichen Einfluß in Ostasien zwischen Rußland und Japan. In derartigen

Fragen, wo es sich um das Werden und Vergehen eines Staates, um Lebensfragen seiner Entwicklung und um große nationale Probleme handelt, versagen alle friedlichen Mittel und daran vermögen die obligatorischen Schiedsgerichte so wenig etwas zu ändern wie die Friedensbestrebungen einzelner Personen, und seien sie mächtige Monarchen. Und das ist gut und wertvoller, als es auf den ersten Blick scheint. Denn ein Schiedsgericht kann immer nur konservieren, nicht Staaten zertrümmern und neue bilden. Niemals hätte Österreich sich durch einen Schiedsspruch aus dem Deutschen Bund ausschließen lassen, niemals hätte ein Schiedsspruch ein einiges Italien oder ein einiges Deutsches Reich schaffen können, nie hätten auch die Balkanstaaten ohne Kampf ihre Unabhängigkeit erreicht. Wo immer ein morscher Bau zusammenstürzte und neue Staaten emporwuchsen, war das mit Kampf verbunden, im grauen Altertum nicht minder als in der Gegenwart und all die dazwischen liegenden Jahrtausende hindurch. Und das wird wohl auch in Zukunft so bleiben, denn es ist nicht anzunehmen, daß die Staatenwelt, wie sie heute besteht, für die Ewigkeit geordnet ist.

Die Kriege sind im letzten Jahrhundert seltener und die Ursachen sind andere geworden; vielleicht werden die Kriege noch seltener werden und lang andauernde Epochen des Friedens eintreten, in denen die Völker ihre solidaren Interessen fördern und pflegen können, aber wenn es sich um Sein oder oder Nichtsein eines Staates, eines Volkes, einer

Nation handelt, dann wird, soweit menschliche Voraussicht reicht, die Entscheidung allein durch Blut und Eisen fallen.

Nachtrag.

Als dieser Vortrag gehalten wurde, lag Europa noch in tiefem Frieden, und es ahnte wohl kaum jemand die so nahe bevorstehenden weltgeschichtlichen Ereignisse. Nun im Krieg könnte sich's zeigen, was die Theorie im letzten halben Jahrhundert geleistet hat, welchen Wert die Haager und andere Verträge haben und wie sie wirken.

Leider klingt, was bisher darüber bekannt geworden ist, wenig erfreulich und für den Theoretiker geradezu entmutigend. Die Gegner der zwei verbündeten Kaiserreiche haben sich eine ganze Reihe von schweren Völkerrechtsbrüchen und Vertragsverletzungen zuschulden kommen lassen, die westlichen sogenannten „Kulturstaaten" nicht weniger als unsere Feinde im Osten; es hat den Anschein, als ob für sie die Verträge nur Papierfetzen wären, die man zerreißt, sobald sie unbequem sind. Alle Bemühungen der Staaten, unnötige Härten und Grausamkeiten im Kriege zu vermeiden, waren vergebens; die Dum-Dum-Geschosse und andere Perfidien der Engländer und Franzosen, das ungeheuerliche Franktireurwesen der Belgier, das Plündern, Sengen und Morden der Russen sind Erscheinungen, die zu den größten Überraschungen des Krieges gehören, da sie ein Wiedererwachen des dunkelsten Mittelalters bedeuten. Die Staaten, die mit solchen Mitteln kämpfen, haben sich gewissermaßen selbst aus der Völkerrechtsgemeinschaft ausgeschlossen, sie haben den Anspruch darauf verwirkt, als gleichberechtigte Mitglieder, als zivilisierte Staaten von uns anerkannt zu werden.

Alles Völkerrecht beruht auf Selbstbeschränkung der Staaten. Sich selbst zu beschränken und diese Beschränkungen auch einzuhalten, dazu bedarf es für Staaten ebenso wie für Individuen einer gewissen ethischen Höhe und moralischen Kraft; daran aber — das zeigt der gegenwärtige Krieg — fehlt es unsern Gegnern. Für sie hört das Recht auf, wo die Macht beginnt.

Anmerkungen.

[1] Abgedruckt bei Cybichowski, Das antike Völkerrecht, S. 10 ff.

[2] Vergl. Maspero, Geschichte der morgenländischen Völker im Altertum. S. 282.

[3] II. Samuel X—XII. — Vergl. auch Bluntschli, Das Beuterecht im Kriege und das Seebeuterecht insbesondere. S. 11 ff.

[4] Vergl. Bluntschli a. a. O. S. 30 ff

[5] Vergl. v. Holtzendorff, im Handbuch des Völkerrechts. I, S. 299.

[6] De rebus bellicis, C. I.

[7] De jure belli ac pacis, Lib. III. cap. I.

[8] Vergl. z. B. G. F. de Martens, Précis du droit des gens. II, § 273. Klüber, Europäisches Völkerrecht. §§ 243 244. Moser, Versuch des europäischen Völkerrechts. IX. 2.

[9] Ausnahmen von der in Mitteleuropa üblichen Normalspurweite (1,435 m) finden sich in Rußland, Norwegen, Irland und Spanien.

[10] Art. 23.

[11] Vergl. C. Lueder, in v. Holtzendorffs Handbuch des Völkerrechts. IV, S. 397 ff.

[12] Art. 4.

[13] Haager Abkommen, Art. 29—31.

[14] Haager Abkommen, Art. 32—34.

Printed by Libri Plureos GmbH
in Hamburg, Germany